ORDONNANCE DU ROI,

Concernant le Régiment Royal-Italien.

Du 21 Décembre 1762.

DE PAR LE ROI.

SA MAJESTÉ voulant expliquer ses intentions sur la composition de son régiment d'Infanterie Italienne, & lui donner, ainsi qu'à toute son Infanterie, une constitution solide & invariable, Elle a ordonné & ordonne ce qui suit :

ARTICLE PREMIER.

Royal-Corse incorporé dans le régiment Royal-Italien.

LE régiment d'Infanterie Royal-Corse, sera supprimé, & les neuf compagnies qui le composent, seront incorporées dans le régiment Royal d'Infanterie italienne, lequel, au moyen de cette incorporation, sera composé de deux bataillons, divisés chacun en neuf compagnies, dont une de Grenadiers & huit de Fusiliers.

II.

IL sera établi dans chacune desdites compagnies, un

Création d'un Fourrier, suppression des Anspessades, & création de places d'Appointés.

Fourrier; le grade d'Anspessade y sera supprimé, & il y sera créé, pour en tenir lieu, des places d'Appointés, ainsi que Sa Majesté l'a réglé pour l'Infanterie françoise.

III.

Composition des compagnies de Grenadiers.

CHACUNE des compagnies de Grenadiers sera, soit en temps de paix, soit en temps de guerre, commandée par un Capitaine, un Lieutenant & un Sous-lieutenant; & composée de deux Sergens, d'un Fourrier, quatre Caporaux, quatre Appointés, quarante Grenadiers & d'un Trompette.

Division desdites compagnies par escouades.

Les quatre Caporaux, les quatre Appointés & les quarante Grenadiers, seront distribués en quatre escouades de douze hommes chacune, dont un Caporal & un Appointé; la première & la troisième de ces escouades formeront la première division, à laquelle sera attaché le premier Sergent; la seconde & la quatrième escouade formeront la seconde division, à laquelle sera attaché le second Sergent: la première division sera subordonnée au Lieutenant, la seconde au Sous-lieutenant; ces deux Officiers rendront tous les jours compte des détails qui concerneront leur division, au Capitaine qui en répondra au Major, le Major au Colonel ou au Colonel-commandant, & en leur absence, au Lieutenant-colonel.

IV.

Remplacement des Grenadiers.

L'INTENTION de Sa Majesté est que les Grenadiers qui viendront à manquer, continuent d'être remplacés sur le champ par les compagnies de Fusiliers, chacune à leur tour.

V.

Composition des compagnies de Fusiliers, en temps de paix.

CHACUNE des compagnies de Fusiliers sera, en tout temps, commandée par un Capitaine, un Lieutenant & un Sous-lieutenant; & composée en temps de paix, de quatre Sergens, d'un Fourrier, de huit Caporaux, huit Appointés, quarante Fusiliers & de deux Tambours.

Les huit Caporaux, les Appointés & les quarante-huit Fusiliers, formeront huit escouades de sept hommes chacune, y compris un Caporal & un Appointé ; la première & la cinquième escouade formeront une première subdivision, à laquelle sera attaché le premier Sergent; la seconde & la sixième escouade formeront une seconde subdivision, à laquelle sera attaché le second Sergent; la troisième & la septième escouade formeront une troisième subdivision commandée par le troisième Sergent ; la quatrième & la huitième escouade formeront la quatrième subdivision, à laquelle sera attaché le quatrième Sergent; les première & troisième subdivisions formeront la première division qui sera subordonnée au Lieutenant ; & les seconde & quatrième subdivisions formeront la seconde division que commandera le Sous-lieutenant; ces deux Officiers rendront tous les jours compte des détails qui concerneront leurs divisions, au Capitaine qui en répondra au Major, le Major au Colonel ou au Colonel-commandant, & en leur absence, au Lieutenant-colonel.

Division desdites compagnies par escouades.

VI.

SA MAJESTÉ entend que les compagnies de Fusiliers, conservent en tout temps le nombre d'Officiers & de Bas-officiers, fixé par l'article V de la présente ordonnance; & Elle se réserve de déclarer, lorsque les circonstances l'exigeront, le nombre d'hommes dont Elle jugera à propos d'augmenter les escouades de chaque compagnie de Fusiliers dudit régiment.

Composition des compagnies de Fusiliers, en temps de guerre

VII.

IL sera créé dans ledit régiment, deux Sous-aides-major, un Trésorier, un Quartier-maître, quatre Porte-drapeaux & un Tambour-major, ainsi que dans tous les régimens d'Infanterie françoise.

Création de deux Sous-aides-major, d'un Trésorier, un Quartier-maître, quatre Porte-drapeaux & d'un Tambour-major.

VIII.

LES Capitaines en second, les Enseignes & le

Suppression des Capitaines en

second, des Enseignes, des Maréchaux-des-logis & des deux Prevôtés. Maréchal-des-logis, qui sont dans ledit régiment, le Prevôt, le Lieutenant, le Greffier, les Archers & l'Exécuteur, seront supprimés & renvoyés, ainsi que ceux du régiment Royal-Corse.

I X.

Composition de l'État-major. AU moyen de quoi l'État-major dudit régiment, sera composé d'un Colonel, un Colonel-commandant, d'un Lieutenant-colonel, d'un Major, deux Aides-major, deux Sous-aides-major, de quatre Porte-drapeaux, d'un Quartier-maître, d'un Trésorier, d'un Tambour-major, d'un Aumônier & d'un Chirurgien.

X.

Une compagnie au Colonel & au Lieutenant-colonel. LE Colonel & le Lieutenant-colonel auront chacun une compagnie; mais le Colonel-commandant n'en aura point.

X I.

Choix des Lieutenans-colonels & des Majors. SA MAJESTÉ se réserve, comme dans les régimens de l'Infanterie françoise, la nomination des charges de Lieutenant-colonel & de Major qu'Elle choisira à l'avenir parmi ceux des Capitaines de ce régiment indistinctement, qu'Elle jugera devoir mériter cet avancement.

X I I.

Grade & autorité du Major. LA charge de Major sera un grade supérieur à celui de Capitaine; ledit Major commandera le régiment en l'absence du Colonel, du Colonel-commandant & du Lieutenant-colonel, & en leur présence, sous leur autorité: il passera du grade de Major à celui de Lieutenant-colonel ou de Colonel pour devenir Officier général, ainsi que dans les régimens de l'Infanterie françoise.

X I I I.

Le Major chargé des menues réparations. LE Major sera seul chargé d'ordonner, sous l'autorité du Colonel, du Colonel-commadant & du Lieutenant-colonel, les menues réparations, dont il confiera le soin aux Aides-major & aux Sous-aides-major, qui seront tenus de lui en rendre compte.

XIV.

Sous-aides-major.

LES Sous-aides-major seront, comme dans l'Infanterie françoise, subordonnés aux Aides-major; ils seront spécialement chargés de veiller à l'entretien des compagnies, & à ce que les menues réparations soient faites à mesure au moyen de la Masse commune qui sera établie à cet effet.

Les Sous-lieutenans qui seront choisis pour remplir les charges de Sous-aides-major, auront dans le régiment & dans toute l'Infanterie, rang de Lieutenant, du jour de leur brevet, & en conséquence ils commanderont à tous les Sous-lieutenans & à tous les Lieutenans moins anciens qu'eux.

XV.

Porte-drapeaux.

LES Porte-drapeaux seront toûjours tirés du corps des Sergens, auront rang de derniers Sous-lieutenans, & seront tenus dans tous les temps de porter les drapeaux à pied.

XVI.

Quartiers-Maîtres.

LE Quartier-maître aura le même rang & les mêmes fonctions que ceux de l'Infanterie françoise, suivant ce qui est prescrit par l'article XXX de l'ordonnance du 10 décembre 1762, concernant l'Infanterie françoise.

XVII.

Trésorier, & administration de la caisse.

IL en sera usé pour le Trésorier, l'établissement d'une caisse, l'administration & la régie de cette caisse, de la même manière que pour les régimens de l'Infanterie françoise, suivant ce qui est prescrit par les articles XXXI, XXXII, XXXIII, XXXIV & XXXV de la même ordonnance.

XVIII.

Tambour-major.

LE Tambour-major aura les mêmes fonctions & le

même rang que ceux de l'Infanterie françoiſe; & ſera nommé ainſi qu'il eſt preſcrit par l'article XXXVI de la même ordonnance.

XIX.

Choix des Bas-officiers.

IL en ſera uſé pour le choix des Sergens, Fourriers, Caporaux & Appointés, de la même manière que Sa Majeſté l'a réglé pour l'Infanterie françoiſe par les articles XXXVII, XXXVIII, XXXIX, XL & XLIV de l'ordonnance qui la concerne.

XX.

Quartier d'aſſemblée pour les recrues.

IL ſera aſſigné un quartier d'aſſemblée, au régiment, pour y recevoir les recrues pendant toute l'année.

XXI.

Terme des engagemens fixé à huit ans: Les hautes-payes ne rengageront point.

Congés donnés à leur expiration.

LE temps du ſervice ſera fixé à l'avenir à huit années au lieu de trois: Voulant cependant bien permettre Sa Majeſté que l'engagement ſoit fait en deux termes, de quatre années chacun, pour ceux qui auroient des raiſons particulières de ne point contracter un engagement de huit années: Les Soldats qui monteront aux hautes-payes ne ſeront point tenus, comme par le paſſé, de ſervir trois ans au-delà de leur engagement; & Sa Majeſté donnera ſes ordres pour que le congé abſolu ſoit régulièrement donné chaque année, aux Soldats dont l'engagement ſera expiré.

XXII.

Récompenſe pour les Soldats qui auront contracté un ſecond engagement.

CEUX qui après avoir ſervi ſeize ans, voudront ſe retirer chez eux, y toucheront la moitié de leur ſolde, & Sa Majeſté leur fera délivrer tous les huit ans un habit de l'uniforme du régiment.

XXIII.

Récompenſe pour le troiſième engagement.

CEUX qui auront ſervi vingt-quatre ans, auront le choix, ou d'être reçûs à l'Hôtel royal des Invalides, ou de ſe retirer chez eux, avec leur ſolde entière; & Sa

Majesté leur fera délivrer tous les six ans un habit de l'uniforme du régiment.

XXIV.

Les Soldats jouiront de ces avantages par-tout.

ENTEND cependant Sa Majesté que les Soldats des deux classes ci-dessus, qui, par des raisons particulières, ne pourroient point demeurer chez eux, soient libres de choisir une résidence dans le royaume, pour y jouir des mêmes avantages.

XXV.

Solde & pain pour les femmes.

SA MAJESTÉ voulant traiter favorablement les Étrangers mariés qui voudront servir dans le régiment, fera donner pendant la guerre & tant qu'il servira en campagne seulement, un sol par jour avec une ration de pain à leurs femmes, lesquelles seront tenues de demeurer au quartier d'assemblée du régiment : Entendant Sa Majesté que ce traitement n'ait plus lieu lorsqu'elles quitteront le quartier d'assemblée, ou que leurs maris ne seront plus dans le régiment.

XXVI.

Appointemens & solde en paix ou en guerre.

LES mêmes considérations qui ont porté Sa Majesté à régler aux troupes de l'Infanterie françoise, une paye de paix & une paye de guerre, l'ont engagée à traiter aussi favorablement le régiment Royal-Italien ; Et, en conséquence, Elle veut que les appointemens & solde soient payés audit régiment, sur le pied par jour,

SAVOIR,

	EN TEMPS DE PAIX.			EN TEMPS DE GUERRE.		
	Par jour.	Par mois.	Par an.	Par jour.	Par mois.	Par an.
Compagnies de Grenadiers.						
A chaque Capitaine, cinq livres onze sols un denier un tiers en temps de paix, & huit livres six sols huit deniers en temps de guerre...	$5^{l}\ 11^{s}\ 1^{d}\frac{1}{3}$	$166^{l}\ 13^{s}\ 4^{d}$	2000^{l}	$8^{l}\ 6^{s}\ 8^{d}$	250^{l} ″ ″	3000^{l}
Au Lieutenant, deux livres dix sols en paix, & trois livres six sols huit deniers en temps de guerre.	2. 10. ″	75. ″ ″	900.	3. 6. 8	100. ″ ″	1200.
Au Sous-lieutenant, une livre treize sols quatre deniers en paix, & deux livres dix sols en guerre.	1. 13. 4	50. ″ ″	600.	2. 10. ″	75. ″ ″	900.
A chaque Sergent, douze sols quatre deniers en paix, & douze sols huit deniers en guerre....	″ 12. 4	18. 10. ″	222.	″ 12. 8	19. ″ ″	228.
Au Fourrier, dix sols en paix, & dix sols quatre deniers en temps de guerre..............	″ 10. ″	15. ″ ″	180.	″ 10. 4	15. 10. ″	186.
A chaque Caporal huit sols huit deniers en paix, & neuf sols en guerre..............	″ 8. 8	13. ″ ″	156.	″ 9. ″	13. 10. ″	162.
A chaque Appointé, sept sols huit deniers en paix, & huit sols en guerre..............	″ 7. 8	11. 10. ″	138.	″ 8. ″	12. ″ ″	144.
A chaque Grenadier & au Tambour, six sols huit deniers en paix, & sept sols en guerre.......	″ 6. 8	10. ″ ″	120.	″ 7. ″	10. 10. ″	126.
Compagnies de Fusiliers.						
Au Capitaine, cinq livres en paix, & six livres treize sols quatre deniers en guerre...........	5. ″ ″	150. ″ ″	1800.	6. 13. 4	200. ″ ″	2400.
Au Lieutenant, une livre treize sols quatre deniers en paix, & deux livres quinze sols six deniers deux tiers en guerre........	1. 13. 4	50. ″ ″	600.	2. 15. $6\frac{2}{3}$	83. 6. 8	1000.
Au Sous-lieutenant, une livre dix sols en paix, & deux livres quatre sols cinq deniers un tiers en temps de guerre.........	1. 10. ″	45. ″ ″	540.	2. 4. $5\frac{1}{3}$	66. 13. 4	800.
A chaque Sergent, onze sols quatre deniers en paix, & onze sols huit deniers en guerre....	″ 11. 4	17. ″ ″	204.	″ 11. 8	17. 10. ″	210.
Au Fourrier, neuf sols en paix, & neuf sols quatre deniers en guerre.................	″ 9. ″	13. 10. ″	162.	″ 9. 4	14. ″ ″	168.

	EN TEMPS DE PAIX.			EN TEMPS DE GUERRE.		
	Par jour.	Par mois.	Par an.	Par jour.	Par mois.	Par an.
A chaque Caporal, sept sols huit deniers en paix, & huit sols en guerre.	//^{l} 7^s 8^d	11^l 10^s //^{d}	138^l	//^{l} 8^s //^{d}	12^l //^{s} //^{d}	144^l
A chaque Appointé, six sols huit deniers en paix, & sept sols en guerre.	// 6. 8	10. // //	120.	// 7. //	10. 10. //	126.
A chaque Fusilier ou Tambour, cinq sols huit deniers en paix, & six sols en guerre. . . .	// 5. 8	8. 10. //	102.	// 6. //	9. // //	108.
ÉTAT-MAJOR.						
Au Colonel, y compris ses appointemens de Capitaine, trente-trois livres six sols huit deniers, en tout temps.	33. 6. 8	1000. // //	12000.	33. 6. 8	1000. // //	12000.
Au Colonel-commandant, seize livres treize sols quatre deniers en paix, & vingt-cinq livres en guerre.	16. 13. 4	500. // //	6000.	25. // //	750. // //	9000.
Au Lieutenant-colonel, indépendamment de ses appointemens de Capitaine, quatre livres quatorze sols cinq deniers un tiers en paix, & huit livres six sols huit deniers en guerre.	4. 14. 5 $\frac{1}{3}$	141. 13. 4	1700.	8. 6. 8	250. // //	3000.
Au Major, huit livres en paix, & onze livres deux sols deux deniers deux tiers en guerre.	8. // //	240. // //	2880.	11. 2. 2 $\frac{2}{3}$	333. 6. 8	4000.
A chaque Aide-major, avec commission de Capitaine, cinq livres en paix, & six livres treize sols quatre deniers en guerre. . .	5. // //	150. // //	1800.	6. 13. 4	200. // //	2400.
A chaque Aide-major, sans commission de Capitaine, trois livres six sols huit deniers en paix, & cinq livres en guerre.	3. 6. 8	100. // //	1200.	5. // //	150. // //	1800.
A chaque Sous-aide-major, trente-trois sols quatre deniers en paix, & trois livres six sols huit deniers en guerre.	1. 13. 4	50. // //	600.	3. 6. 8	100. // //	1200.
A chaque Porte-drapeau, une livre cinq sols en paix, & une livre treize sols quatre deniers en guerre.	1. 5. //	37. 10. //	450.	1. 13. 4	50. // //	600.
Au Quartier-maître, une livre dix sols en paix, & deux livres quatre sols cinq deniers un tiers en guerre.	1. 10. //	45. // //	540.	2. 4. 5 $\frac{1}{3}$	66. 13. 4	800.

	EN TEMPS DE PAIX.			EN TEMPS DE GUERRE.		
	Par jour.	Par mois.	Par an.	Par jour.	Par mois.	Par an.
Au Tréſorier, trois livres ſix ſols huit deniers en temps de paix, & cinq livres onze ſols un denier un tiers en guerre.........	$3^{l}\ 6^{f}\ 8^{d}$	100^{l} ″^{f} ″^{d}	1200^{l}	$5^{l}\ 11^{f}\ 1^{d}\frac{1}{3}$	$166^{l}\ 13^{f}\ 4^{d}$	2000^{l}
Au Tambour-major, quatorze ſols en tout temps.........	″ 14. ″	21. ″ ″	252.	″ 14. ″	21. ″ ″	252.
A l'Aumônier, une livre ſept ſols neuf deniers un tiers en paix, & deux livres en guerre......	1. 7. $9\frac{1}{3}$	41. 13. 4	500.	2. ″ ″	60. ″ ″	720.
Au Chirurgien, une livre ſept ſols neuf deniers un tiers en paix, & deux livres en guerre.....	1. 7. $9\frac{1}{3}$	41. 13. 4	500.	2. ″ ″	60. ″ ″	720.

Voulant Sa Majeſté que la paye de guerre ne ſoit donnée audit régiment que lorſqu'il ſervira en campagne, à commencer du jour de ſon arrivée à l'armée, juſqu'à celui de ſon départ de l'armée pour rentrer dans le royaume; & que lorſqu'il demeurera en garniſon dans le royaume, pendant la guerre, il ne touche que la paye réglée pour le temps de paix.

XXVII.

Linge & chauſſure.

VEUT & entend Sa Majeſté que ſur la ſolde de paix réglée à chaque Sergent, Fourrier, Caporal, Appointé, Grenadier, Fuſilier & Tambour, il en ſoit affecté ſeize deniers par chaque Sergent & Fourrier, & huit deniers par chaque Caporal, Appointé, Grenadier, Fuſilier & Tambour, pour les entretenir de linge & chauſſure; & que ſur la ſolde qui leur eſt réglée pour le temps de la guerre, il ſoit pareillement affecté au même uſage, vingt deniers par chaque Sergent & Fourrier, & douze deniers par chaque Caporal, Appointé, Grenadier, Fuſilier & Tambour; l'intention de Sa Majeſté étant que ladite retenue ſoit conſervée par le Tréſorier particulier du régiment, pour faire partie de la Maſſe qui ſera affectée à l'entretien & à la propreté du Soldat.

XXVIII.

OUTRE la ſolde ci-deſſus réglée pour ledit régiment,

il ſera établi une Maſſe de trois ſols par homme par jour, y compris les Sergens & Caporaux-recruteurs, laquelle Maſſe ſera payée en tout temps, ſur le pied complet de chaque compagnie, à tel nombre qu'elle paſſe aux revûes des Commiſſaires des guerres; l'intention de Sa Majeſté étant que ſur leſdits trois ſols il y ait un ſol affecté uniquement à l'entretien & à la propreté du Soldat, & que les deux ſols reſtans ſoient affectés particulièrement à l'habillement, l'équipement & l'armement.

Maſſe de l'habillement & de l'entretien du Soldat.

Cette Maſſe ſera remiſe tous les mois, avec la ſolde, au Tréſorier du régiment, lequel la dépoſera dans la caiſſe; mais Sa Majeſté ſe réſerve l'adminiſtration directe de la Maſſe de l'habillement, au moyen de laquelle Elle donnera ſes ordres pour faire habiller, équiper & armer ledit régiment.

XXIX.

Le Major chargé de la Maſſe de l'entretien du Soldat.

LE Major ordonnera ſeul la dépenſe à faire du ſol qui ſera mis en caiſſe pour l'entretien, la propreté du Soldat & les fournitures à lui donner, ainſi que de la retenue affectée au linge & à la chauſſure, qui ne fera qu'une ſeule & unique Maſſe avec ce ſol; l'intention de Sa Majeſté étant cependant que ces fournitures, conſiſtant en deux paires de ſouliers, deux paires de ſemelles, deux chemiſes, une paire de bas, une paire de guêtres, un col noir & une paire de jarretières ſoient données, ſur les ordres du Major, à meſure que les Soldats en auront beſoin; & il ſera envoyé par le Tréſorier, un double de cette dépenſe, au Secrétaire d'État ayant le département de la guerre.

XXX.

Maſſe pour les réparations journalières.

A l'égard des réparations journalières qu'il conviendra de faire à l'habillement, équipement & armement dudit régiment, Sa Majeſté fera former une Maſſe de ſix livres pour chaque homme par an, en tout temps; laquelle Maſſe ſera payée ſur le pied complet, & remiſe tous les mois à la caiſſe du régiment, avec la ſolde & les autres Maſſes, pour être employée auxdites réparations: Entend au ſurplus Sa Majeſté qu'il ſoit, par le Tréſorier du régiment, envoyé tous les trois mois au Secrétaire d'État ayant le département de la guerre, un double ſigné du Major & de lui, de l'état de recette & de dépenſe de cette Maſſe.

XXXI.

Haute-paye du Tambour pour l'entretien de ſa caiſſe.

L'INTENTION de Sa Majeſté eſt que ſur cette Maſſe il ſoit donné à chaque Tambour une haute-paye de deux ſols par jour, au moyen de laquelle leſdits Tambours ſeront tenus d'entretenir leur caiſſe de peaux & de cordages, & de ſe fournir de baguettes.

XXXII.

Maſſe pour les recrues.

IL ſera auſſi établi une Maſſe de vingt-cinq livres pour chaque homme, par an, ſur le pied complet, laquelle ſervira dans tous les temps, tant au payement des Officiers & Bas-officiers recruteurs, qu'à la levée des recrues & au rengagement des anciens Soldats; cette Maſſe ſera payée chaque mois avec la ſolde, remiſe à la caiſſe du régiment, & régie en conformité de ce qui ſera preſcrit par l'ordonnance que Sa Majeſté fera rendre inceſſamment pour les recrues des régimens étrangers.

XXXIII.

Les Capitaines jouiront de leurs appointemens en entier.

VEUT Sa Majeſté que dans tous les temps, les Capitaines jouiſſent de leurs appointemens en entier, à la ſeule retenue des quatre deniers pour livre de leurs compagnies, non compris les Officiers; leur défendant très-expreſſément de payer, ſous quelque prétexte que ce puiſſe être, aucuns faux-frais de place, ni doubles rôles aux Tréſoriers, frais de bureau au Tréſorier du régiment, ni gratification à qui que ce ſoit. Défendant auſſi Sa Majeſté au Colonel & au Major dudit régiment, de faire aucune retenue ſur les appointemens & ſolde des Officiers, Sergens & Soldats dudit régiment, nonobſtant tout uſage à ce contraire, ſous peine de reſtitution; enjoignant Sa Majeſté au Major, d'y tenir exactement la main, ſous peine d'en répondre en ſon propre & privé nom, & d'être caſſé, s'il n'informe point le Secrétaire d'État ayant le département de la guerre, de tout ce qui feroit exigé à cet égard, ou de ce qui pourroit fe payer de gré à gré dans le régiment.

XXXIV.

Suppreffion des gratifications attachées aux charges, & de tout autre traitement.

Au moyen du traitement réglé par la préfente ordonnance, toutes les gratifications attachées aux charges des Officiers, de quelque grade qu'ils foient, feront fupprimées, & il ne fera plus accordé de payes de gratifications.

XXXV.

Uniforme.

L'UNIFORME dudit régiment, fera dorénavant, habit, vefte, culotte & doublure blancs, revers, collet & paremens bleu-célefte, poche ordinaire garnie de trois boutons, autant fur la manche, fix petits au revers à diftance égale, & trois gros au deffous; boutons jaunes, forme plate, n.° 48: Chapeau bordé de laine ou fil blanc. Défendant Sa Majefté au Colonel, d'y faire ni fouffrir aucun changement qu'avec une permiffion expreffe & par écrit du Secrétaire d'État ayant le département de la guerre, d'après les ordres de Sa Majefté, fous peine de defobéiffance, & de payer, fur fes appointemens, la dépenfe qu'auroient occafionnée les changemens par lui ordonnés; déclarant Sa Majefté qu'Elle fera caffer le Major du régiment, s'il n'informe pas le Secrétaire d'État ayant le département de la guerre, des changemens qu'on y auroit introduits: Défendant auffi Sa Majefté à celui qu'Elle a chargé de la régie de l'habillement des Troupes, de fe prêter à aucun changement ni à l'admiffion d'aucun ornement, autres que ceux prefcrits ci-deffus, fous peine d'en répondre en fon propre & privé nom. Veut au furplus Sa Majefté que les Officiers dudit régiment fe conforment pour la diftinction des grades de chacun d'eux fur leur habit, à ce que Sa Majefté a réglé pour les régimens d'Infanterie françoife.

XXXVI.

Moyen de parvenir à la nouvelle compofition.

POUR parvenir à la nouvelle compofition prefcrite par la préfente ordonnance, l'Infpecteur qui fera chargé d'y procéder, fera mettre les régimens Royal-Italien &

Royal-Corse sous les armes, par les ordres du Gouverneur ou Commandant de la place où ils se trouveront, & en présence du Commissaire des guerres qui en aura la police.

XXXVII.

Revûes d'inspection & de subsistance desdits régimens.

L'INSPECTEUR fera une revûe exacte, par laquelle il constatera le nombre d'Officiers & de Soldats dont chacun desdits régimens sera composé; & le Commissaire des guerres fera aussi la sienne pour servir au payement dudit régiment, jusques & compris le jour de sa nouvelle composition exclusivement.

XXXVIII.

Dresser un état des dettes du Corps.

IL entrera à sa revûe, dans le détail le plus exact des dettes de chacun desdits régimens, il en fera dresser un état, sur lequel seront marquées lesdites dettes, leur nature, leur époque, les motifs pour lesquels elles auront été contractées, le nom & la demeure des Marchands ou créanciers auxquels il sera dû, & les preuves qui constatent les dettes.

XXXIX.

Dettes personnelles.

IL fera ensuite dresser un état des dettes personnelles de chaque Officier, avec le même détail que pour les dettes du régiment.

XL.

Former un état de ce qui sera dû au Corps.

L'INSPECTEUR fera ensuite dresser un état détaillé de ce qui sera dû à chaque régiment, sur ses Masses ou sur d'autres parties séparées, en distinguant toutes les dettes par nature, avec leurs époques.

XLI.

Contrôle des Officiers & de leur service.

LEDIT Inspecteur procédera ensuite à faire dresser un contrôle de tous les Officiers, contenant leurs noms, surnoms, les dates & les lieux de leur naissance, le détail exact de leurs services, l'époque de leurs différens grades, leurs blessures, enfin tous les détails qui pourront faire connoître leurs services, leurs mœurs & leurs talens.

XLII.

Dresser un état de tous ceux qui

IL sera ensuite formé un état, contenant les noms, surnoms & services des Sergens, Caporaux, Anspessades,

Grenadiers, Fusiliers & Tambours que l'Inspecteur jugera dans le cas d'être admis à l'Hôtel royal des Invalides, conformément aux règlemens, & notamment à l'ordonnance du 3 décembre 1730: il joindra à ces états, leurs congés absolus, les certificats de leurs services & ceux des blessures qui les rendroient susceptibles de cette grace, au défaut de services suffisans; après quoi il les fera mettre en marche pour se rendre à l'Hôtel, sur les routes qui leur seront envoyées à cet effet: Voulant Sa Majesté que les Officiers qui seront susceptibles de la même grace, soient compris sur le même état & sur les routes, pour prendre soin des Soldats jusqu'à leur arrivée à l'Hôtel, & il sera envoyé sur le champ un double de ces états au Secrétaire d'État ayant le département de la guerre.

seront dans le cas d'être reçûs à l'Hôtel royal des Invalides.

XLIII.

Officiers de l'État-major de Royal-Corse, réformés.

L'INSPECTEUR ordonnera ensuite aux Officiers de l'État-major du régiment Royal-Corse (à la réserve de l'Aide-major qui conservera son emploi dans celui de Royal-Italien) & aux Capitaines en second desdits deux régimens, de se séparer & de se retirer dans les lieux du royaume où ils jugeront à propos de fixer leur résidence; après quoi il ordonnera, de la part de Sa Majesté, aux neuf compagnies du régiment Royal-Corse, d'entrer dans celui de Royal-Italien, pour y continuer leurs services.

XLIV.

Renvoi des Soldats non nationaux, & défense d'engager à l'avenir aucun Soldat françois.

CETTE incorporation faite, l'Inspecteur fera un examen exact de tous les Sergens, Caporaux, Anspessades, Grenadiers, Fusiliers & Tambours, nés dans les provinces de la domination du Roi, & il leur fera expédier leur congé absolu pour se retirer chez eux; défendant Sa Majesté aux Officiers dudit régiment, d'y recevoir à l'avenir, sous tel prétexte que ce puisse être, aucun homme né dans les provinces de la domination de Sa Majesté: Enjoignant Sa Majesté aux Commissaires des guerres qui auront la police dudit régiment par la suite, de faire délivrer sur le champ le congé absolu, à ceux des sujets du Roi qui se trouveront engagés dans ce régiment;

déclarant en pareil cas Sa Majesté, tout engagement contracté par un homme né dans une province de la domination du Roi, pour ledit régiment, nul & comme non avenu.

XLV.

Compléter les compagnies de Grenadiers, à cinquante-deux hommes.

L'INSPECTEUR complétera ensuite les compagnies de Grenadiers dudit régiment, au nombre de cinquante-deux hommes, en choisissant tout ce qu'il y aura de meilleur pour la taille, la bravoure & les mœurs; & il y ordonnera le choix des Bas-officiers dont elles auront besoin, conformément à ce qui est prescrit par l'article XIX de la présente ordonnance.

XLVI.

Compléter les compagnies de Fusiliers, à soixante-trois hommes.

IL formera ledit régiment de seize compagnies de Fusiliers, & les composera des soixante-trois hommes les plus élevés & les plus en état de servir; & il ordonnera le choix des Bas-officiers dont elles pourroient avoir besoin, conformément à ce qui est prescrit par le même article XIX de la présente ordonnance.

XLVII.

Choix des Officiers.

LES compagnies de Fusiliers étant ainsi composées de soixante-trois hommes, & celles de Grenadiers de cinquante-deux hommes les plus en état de servir, l'Inspecteur y attachera les Officiers qui devront les commander: Et à cet effet, les Capitaines, Lieutenans & Sous-lieutenans qui sont attachés aux compagnies de Grenadiers, en conserveront le commandement; les Colonels & Lieutenans-colonels prendront chacun une compagnie, & les quatorze restantes seront données aux quatorze Capitaines les plus anciens de commission de tout le régiment, en suivant tout ce qui est prescrit, tant pour les Capitaines que pour les Officiers subalternes, dans les articles LXXVIII & LXXIX de l'ordonnance concernant l'Infanterie françoise.

XLVIII.

Choix des Officiers de l'État-

CES opérations faites, il procédera, de concert avec le

Colonel, au choix des Sous-aides-major, des Porte-drapeaux, du Quartier-maître & du Tambour-major, dont il enverra les noms au Secrétaire d'État ayant le département de la guerre, pour les faire agréer par Sa Majeſté.

major, nouvellement créés

XLIX.

Contrôle des hommes qui compoſeront les compagnies

APRÈS que les compagnies de Grenadiers & de Fuſiliers auront été compoſées du nombre preſcrit, & que les Officiers y auront été attachés, il ſera dreſſer le contrôle, par compagnie, des hommes qui le compoſeront, de la manière preſcrite par l'article LXXXI de l'ordonnance concernant l'Infanterie françoiſe.

L.

Officiers & Soldats excédans, réformés.

TOUS les Officiers excédant le nombre preſcrit par la préſente ordonnance, ſeront réformés & ſe retireront dans des villes du royaume & non ailleurs, où ils jugeront à propos de fixer leur réſidence.

Tous les Soldats excédans, ſeront auſſi réformés & renvoyés avec leur congé abſolu.

LI.

Soldats aux hôpitaux & renvoyés, aſſujétis aux règles preſcrites pour l'Infanterie françoiſe.

IL en ſera uſé pour les Soldats qui ſe trouveront aux Hôpitaux, pour ceux qui ſeront renvoyés, pour la remiſe des armes, le décompte des appointemens & les dettes perſonnelles des Officiers réformés, de la même manière qu'il eſt réglé par les articles LXXXIV, LXXXV, LXXXVI, LXXXVII, LXXXVIII, LXXXIX, XC & XCI de l'ordonnance du 10 décembre 1762, concernant l'Infanterie françoiſe.

LII.

Penſions des Colonels réformés.

LE Colonel du régiment réformé de Royal-Corſe, jouira de ſix mille livres d'appointemens, & le Colonel-commandant, de quatre mille livres.

LIII.

Penſions des autres Officiers réformés.

TOUS les autres Officiers réformés en exécution de la préſente ordonnance, & qui ſeront Étrangers, jouiront, ſavoir; le Lieutenant-colonel, de dix-huit cents livres; les Capitaines de Fuſiliers qui auront vingt ans de ſervice

& le Major, de mille livres; les autres Capitaines de Fusiliers, de huit cents livres; les Capitaines en second, de six cents livres; les Lieutenans, de quatre cents livres; & les Lieutenans en second, de trois cents livres, lesquelles leur seront payées dans les lieux du royaume qu'ils auront choisis pour leur résidence & non ailleurs, sur les états que Sa Majesté en fera expédier.

Les Capitaines ou Capitaines en second qui seront François, jouiront, en pensions sur le Trésor royal, s'ils ont vingt ans de service, de quatre cents livres; & ceux qui n'auront pas vingt ans de service, de trois cents livres seulement. Quant aux Lieutenans & Lieutenans en second qui seront François, ils se retireront chez eux pour y attendre les emplois auxquels Sa Majesté les destinera.

L I V.

Rappel des Officiers réformés, pendant dix ans.

VEUT Sa Majesté que le Colonel dudit régiment, propose pour les compagnies & autres emplois qui viendront à vaquer, les Capitaines & autres Officiers réformés de son régiment, par préférence à tous nouveaux sujets, pendant le terme de dix ans seulement, passé lequel temps aucun Officier réformé ne pourra être remplacé dans ledit régiment.

L V.

Plus d'Officiers réformés à la suite des régimens.

A l'égard des Officiers réformés à la suite des régimens Royal-Italien & Royal-Corse, & auxquels Sa Majesté, pour des raisons particulières, a réglé des appointemens, ils se retireront dans les villes du royaume où ils jugeront à propos de fixer leur résidence, & y toucheront les appointemens qui leur ont été précédemment accordés; l'intention de Sa Majesté étant de ne plus entretenir à l'avenir aucun Officier réformé à la suite du régiment Royal-Italien.

L V I.

Procès-verbal pour [illegible] la [illegible]

L'INTENTION de Sa Majesté est qu'il soit dressé par le Commissaire des guerres qui sera présent à l'exécution de la présente ordonnance, un procès-verbal de la nouvelle composition dudit régiment : voulant Sa Majesté que le traitement réglé par la présente ordonnance ait lieu dans toutes ses parties, à commencer du jour de la date dudit procès-verbal, dont il sera remis un double, signé dudit Commissaire des guerres, au Trésorier : voulant aussi Sa Majesté qu'il en soit envoyé un double au Secrétaire d'État ayant le département de la guerre.

L V I I.

Journées d'Hôpitaux au compte du Roi.

VEUT aussi Sa Majesté qu'à commencer du jour de la nouvelle composition dudit régiment, il en soit usé pour les journées d'Hôpitaux, de la même manière qu'Elle l'a réglé par les articles XCIX, C & CI de l'ordonnance du 10 décembre 1762, concernant l'Infanterie françoise : dérogeant Sa Majesté à toutes capitulations & aux dispositions des précédentes ordonnances qui se trouveront contraires à la présente.

MANDE & ordonne Sa Majesté aux Officiers généraux ayant commandement sur ses Troupes, aux Gouverneurs & Lieutenans généraux dans ses provinces, aux Gouverneurs & Commandans de ses villes & places, aux Inspecteurs généraux de son Infanterie, aux Intendans dans ses provinces & sur ses frontières, aux Commissaires des guerres, & à tous autres ses Officiers qu'il appartiendra, de tenir la main à l'exécution de la présente ordonnance. FAIT à Versailles le vingt-un décembre mil sept cent soixante-deux. *Signé* LOUIS. *Et plus bas*, LE DUC DE CHOISEUL.

A PARIS, DE L'IMPRIMERIE ROYALE. 1763.

www.ingramcontent.com/pod-product-compliance
Lightning Source LLC
LaVergne TN
LVHW052037160826
845678LV00003B/1397

9782329623160